IMPRESSUM

2. Auflage, November 2024
Herausgeberinnen: Annett Bergk, Vivien Pietruck
Copyright © Merlin Monroe, 2024

Covergestaltung und Satz: Merlin Monroe, www.merlin-monroe.de
Bilder: Adobe Illustrator
Redaktion: Annett Bergk, Vivien Pietruck

www.merlin-monroe.de

EINFÜHRUNG

EINFÜHRUNG IN DIE MUSTERERSTELLUNG IN ADOBE ILLUSTRATOR

Die Welt der digitalen Gestaltung hat durch die Einführung der neuen "Text zu Muster"-Funktion in Adobe Illustrator einen bedeutenden Schritt nach vorn gemacht. Diese Funktion, aktuell noch in der Beta-Phase, ermöglicht das Erstellen komplexer und individueller Vektormuster auf eine Weise, die bisher viel Zeit und manuelle Anpassungen erfordert hätte.

Was früher mühsam in Handarbeit erstellt werden musste, kann nun mit nur wenigen Klicks in lebendigen Farben und faszinierenden Designs zum Leben erweckt werden. Die Möglichkeit, die generierten Muster farblich und stilistisch im Nachhinein zu modifizieren, eröffnet Designer:innen völlig neue Gestaltungsmöglichkeiten für ihre Projekte.

Platz für Notizen
und Gekritzel

SCHRITT-FÜR-SCHRITT-ANLEITUNG ZUR MUSTERGENERIERUNG

1. ZUGANG ZUR MUSTERGENERIERUNG

Um die "Text zu Muster"-Funktion in Adobe Illustrator zu nutzen, gibt es mehrere Zugangswege. Der einfachste Weg führt über das Menü Fenster > Muster generieren.

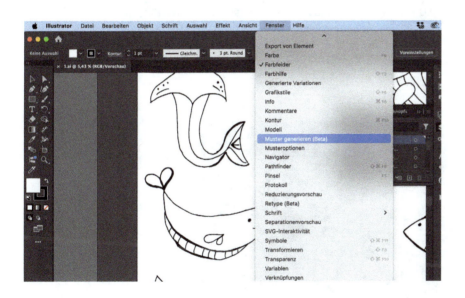

Alternativ kann der Zugriff auch über Objekt > Muster > Muster generieren erfolgen. Für den intuitiven Einstieg kann entweder ohne vorher ausgewählte Form ein Muster erstellt werden oder man entscheidet sich für eine bestimmte Form, wie z.B. ein Rechteck, in der das Muster generiert werden soll.

2. PROMPT-EINGABE

Ähnlich wie bei anderen kreativen Anwendungen verwendet man ein Prompt-Feld, um die gewünschte Musterbeschreibung einzugeben.

Beispielsweise ergibt der Prompt "Florales Vintage-Muster mit blauen und grünen Akzenten" ein wunderschönes Muster, das entweder im Bedienfeld erscheint oder direkt auf einer zuvor erstellten Form auf der Arbeitsfläche angewandt wird.

Falls keine Form vorhanden ist, kann das Muster durch Klicken auf die gewünschte Variation geladen und mit einem Formwerkzeug aufgezogen werden. Diese Funktion unterstreicht die Stärke von Illustrator, indem es Designer:innen beispiellose Freiheit in der Gestaltung gewährt.

Probiert mal die SCAMPER-Methode!

Die SCAMPER-Methode bietet eine kreative Technik, um beim Prompting neue Ideen zu entwickeln oder bestehende zu verbessern. Diese Methode fordert dazu auf, verschiedene Aspekte zu betrachten, die eine Idee verändern oder verfeinern könnten.

Indem man systematisch Substitute, Combine, Adapt, Modify, Put to Another Use, Eliminate und Reverse anwendet, können Benutzer:innen innovative Ansätze finden, um ihre kreativen Visionen umzusetzen. So entsteht ein strukturiertes Vorgehen, das den kreativen Prozess unterstützt und zu außergewöhnlichen Ergebnissen führt.

Diese Methode ermutigt dazu, bestimmte Teile einer Idee durch andere zu ersetzen, mehrere Elemente zu einem neuen Konzept zusammenzufügen und bestehende Ideen an neue Kontexte anzupassen. Sie schlägt Veränderungen vor, um Verbesserungen zu erzielen, denkt über alternative Verwendungen bestehender Ideen nach und reduziert komplexe Ideen auf das Wesentliche. Außerdem kehrt sie bestehende Konzepte um, um neue Blickwinkel zu entdecken. Durch die systematische Anwendung dieser Techniken können Benutzer ihre kreativen Prozesse strukturieren und Innovationen fördern.

Ein Beispiel für die Anwendung der SCAMPER-Methode könnte sein: "Kombiniere Elemente des Surrealismus mit moderner Technologie, um eine innovative digitale Kunstform zu schaffen."

Indem verschiedene Ideen und Konzepte kombiniert werden, können Benutzer:innen neue und einzigartige Ansätze entwickeln, um ihre kreativen Ziele zu erreichen.

3. ANPASSUNG VON FARBEN UND FARBVORGABEN

Falls erforderlich, können über das Mischpalette-Icon zusätzlich zur Prompteingabe Farbe und Ton des Musters definiert werden.

Die bekannten Einstellungen aus anderen Bereichen von Illustrator helfen bei der spezifischen Farbauswahl, der Bestimmung der Anzahl der Farben oder der Festlegung von Farbnuancen. Beeindruckend ist, dass selbst bei der Verwendung definierter Farben die ursprünglichen Farbtöne aus dem Prompt nicht überdeckt werden, sondern harmonisch integriert bleiben.

4. EFFEKTE
ZUR VERFEINERUNG NUTZEN

Zur weiteren Individualisierung stehen drei spezielle Effekte zur Verfügung:
Geometrisch, Flaches Design und Kritzelei.

Trotz der begrenzten Auswahl lassen sich durch diese Effekte erstaunliche
Variationen des ursprünglichen Musters erzeugen, das zuvor anhand des
Ausgangsprompts erstellt wurde.

Schauen wir uns
endlich Beispiele an!!

ABSTRAKT

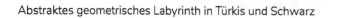
Abstraktes geometrisches Labyrinth in Türkis und Schwarz

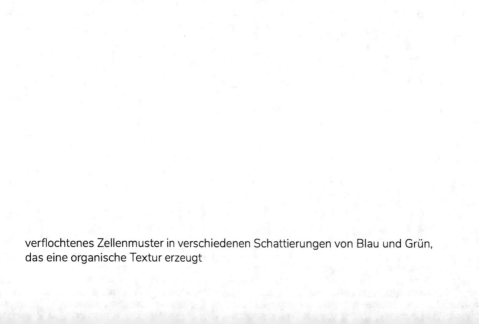

verflochtenes Zellenmuster in verschiedenen Schattierungen von Blau und Grün, das eine organische Textur erzeugt

Überlappende Dreiecksflächen in leuchtendem Orange und gedecktem Olivgrün,
die unterschiedliche Transparenzeffekte erzeugen

Geschwungene Linien in abwechselnden Lila- und Pfirsichtönen,
die eine wellenartige Bewegung darstellen

Kleine, unregelmäßig verteilte Punkte in Gold und Creme
auf einem dunkelgrauen Grund, die eine funkelnde Textur erzeugen

Versetzte Rauten in verschiedenen Blauschattierungen,
von Azur bis Kobalt, die ein schachbrettartiges Design ergeben

Halbtransparente Quadrate in frischem Mintgrün,
die übereinandergelegt eine dreidimensionale Wirkung auf Weiß erzeugen

Asymmetrische Streifen in einem Verlauf von Sonnengelb zu Tiefviolett,
die in zufälligen Winkeln verlaufen

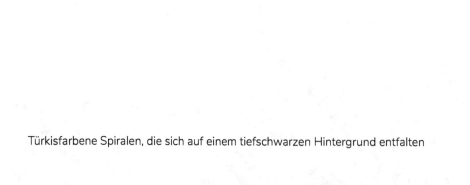

Türkisfarbene Spiralen, die sich auf einem tiefschwarzen Hintergrund entfalten

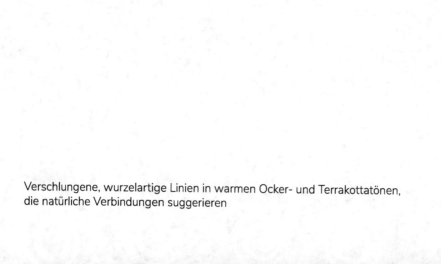
Verschlungene, wurzelartige Linien in warmen Ocker- und Terrakottatönen, die natürliche Verbindungen suggerieren

FLORALES

Exotische Pflanzen die an einen Urwald erinnern in Grüntönen

Zarte Kirschblüten in sanften Rosa- und Weißtönen,
die sich über einen hellblauen Hintergrund verteilen

Kleine, dichte Gänseblümchen in Weiß und Gelb
auf einem satten, grünen Hintergrund, der an eine Frühlingswiese erinnert
Effekt: flaches Design

Retroblumen in gedeckten Farben als Designhintergrund
Effekt: geometrisch

Elegante Rosen in tiefem Rot und Burgunderrot, mit goldenen Akzenten und laubgrünen Blättern
Effekt: geometrisch

Vintage-Blumenmuster mit Hortensien und Flieder
in gedeckten Blau- und Purpurtönen, umrahmt von zarten Farnen

Minimalistisches Design mit Lavendelzweigen in zarten Lilatönen,
die sich auf einem hellgrauen Hintergrund erstrecken

Poppies in leuchtendem Korallrot und sattem Schwarz,
die dynamisch über einen weißen Hintergrund verteilt sind

Botanisches Muster mit Wildkirschen, Holunder und Schlehen
in natürlichen Farben, perfekt für ein rustikales Design
Effekt: geometrisch

Sonnenblumen in strahlendem Gelb und warmem Braun,
mit großen, grünen Blättern und einem azurblauen Himmel als Hintergrund

KINDERZIMMER

Bäume, Eichhörnchen, Blätter, Wald

Koalabären und Eukalyptus

Verschiedene Planeten die im Welltall schweben,
Sterne, Himmel und unendliche Weite. Dunkler Hintergrund.
Effekt: geometrisch

Palmen, exotische Pflanzen und Tiere
Effekt: Flaches Design

Bunte Drachen in verschiedenen Formen und Farben gleiten sanft über einen hellblauen Hintergrund

Krankenwagen, Feuerwehr und Polizei kindlich, auf einem dunklen Hintergrund
Effekt: geometrisch

Verschiedene Fischarten die im Meer schwimmen, Skandilook, blauer Hintergrund
Effekt: geometrisch

Rettungsringe und Segelschiffe, alles wirkt Maritim in den Farben blau und rot
Effekt: Flaches Design

Ballons die durch die Luft fliegen, Jahrmarktfeeling
Effekt: Flaches Design

Regenbögen und Wolken in weichen Pastellfarben schweben
mit kleinen Vögeln und fliegenden Luftballons im Himmel

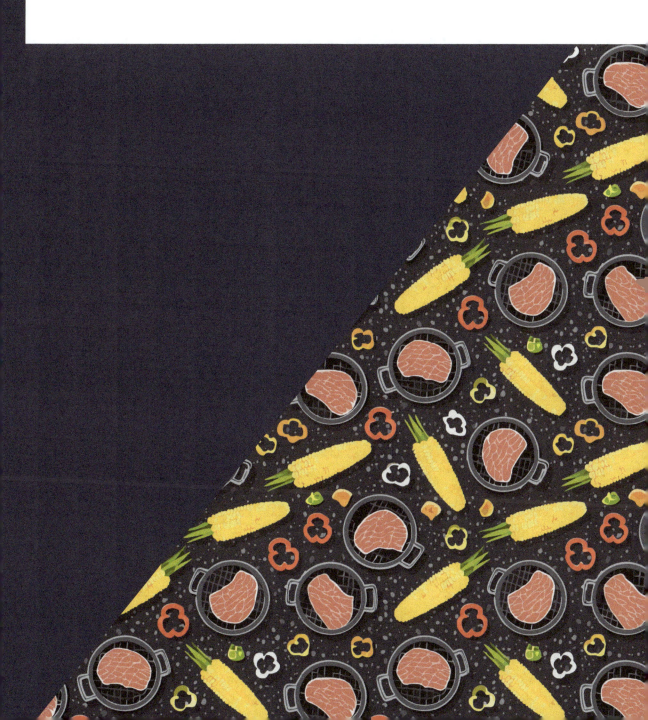

KULINARISCHES

Ein buntes Array aus frischen Früchten wie Erdbeeren, Kiwis, Blaubeeren und Zitronen auf einem cremefarbenen Hintergrund

Eine Anordnung von verschiedenen Käsesorten und Trauben,
ergänzt durch Brot und Nüsse auf einem rustikalen Holzmuster

Vielfalt an duftenden Gewürzen wie Zimtstangen, Vanilleschoten und Sternanis, verstreut auf einem tiefen, erdigen Hintergrund

Ein lebendiges Muster aus verschiedenen Gemüsesorten
wie Karotten, Brokkoli und Paprika auf einem hellen, sauberen Hintergrund

Tassen Kaffee und Tee mit Keksen und Croissants,
die Gemütlichkeit und Wärme auf einem sanften pastellfarbenen Hintergrund ausstrahlen

Ein sommerliches Muster mit gegrillten BBQ-Spezialitäten,
darunter Maiskolben, Steaks und Paprikascheiben, auf einem Holzkohle-Hintergrund

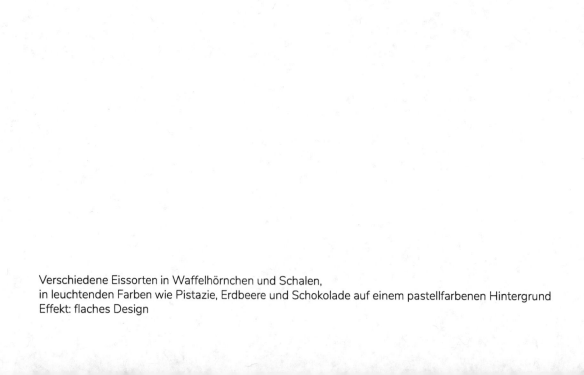

Verschiedene Eissorten in Waffelhörnchen und Schalen,
in leuchtenden Farben wie Pistazie, Erdbeere und Schokolade auf einem pastellfarbenen Hintergrund
Effekt: flaches Design

Dounuts mit rosa Zuckerglasur und bunten Streuseln.
Zwischen den Dounuts sind Punkte.

Ein Muster mit chaotisch angeordneten Pastaformen wie Spaghetti, Fusilli und Penne, geometrische Zeichnung, schwarze Linien, weißer Hintergrund
Effekt: Flaches Design

Eine Kollektion von Sushi-Rollen und Sashimi,
umgeben von Sojasaucen-Schalen und Wasabi-Klecksen auf einem zarten Wasserfarben-Hintergrund

WEIHNACHTEN & WINTER

Schneeflocken und Spatzen im Winter
Effekt: geometrisch

Schneemänner und Winterdekoartion
Effekt: geometrisch

Christbaumkugeln mit weihnachtlichen Mustern
Effekt: geometrisch

Ein Muster aus Zweigen von Stechpalmen mit roten Beeren und Mistelzweigen,
arrangiert in einem sich wiederholenden, natürlichen Design
Effekt: geometrisch

Ein Muster aus weihnachtlichen Lebkuchenformen, darunter Sterne,
Weihnachtsmänner, Tannenbäume und Herzen, dekoriert mit Zuckerguss und Streuseln
Effekt: geometrisch

Fröhliche Rentiere mit roten und goldenen Glöckchen,
umgeben von grünen Tannenbäumen und dezentem Schneefall
Effekt: geometrisch

Niedliche Pinguine und Eisbären mit weihnachtlichen Schals und Mützen,
die in einer Winterlandschaft voller schneebedeckter Hügel spielen
Effekt: flaches Design

Eine Sammlung von Geschenkschleifen und eingepackten Geschenken
in verschiedenen Größen, die übereinander gestapelt sind
und in traditionellen Farben wie Rot, Grün und Weiß gehalten sind
Effekt: flaches Design

Ein winterliches Stadtbild mit traditionellen holländischen Häusern,
die mit Lichterketten geschmückt sind, und einem verschneiten Himmel darüber
Effekt: flaches Design

Schneeflocken in unterschiedlichen Größen,
detailliert auf anthrazitfarbenem Hintergrund
Effekt: flaches Design

www.ingramcontent.com/pod-product-compliance
Lightning Source LLC
LaVergne TN
LVHW080118070326
832902LV00015B/2648

* 9 7 9 8 3 1 3 3 9 5 2 8 9 *